珍藏本
纪念版

汉译世界学术名著丛书

论宗教宽容

——致友人的一封信

〔英〕洛克 著

吴云贵 译

商务印书馆
SINCE1897 The Commercial Press

2017年·北京

John Locke

A LETTER CONCERNING TOLERATION

Second Edition, August, 1955

The Liberal Arts Press, Inc. , New York

汉译世界学术名著丛书
（120 年纪念版·珍藏本）
出 版 说 明

2017 年 2 月 11 日，商务印书馆迎来 120 岁的生日。120 年前，商务印书馆前贤怀揣文化救国的理想，抱持“昌明教育，开启民智”的使命，立足本土，放眼寰宇，以出版为津梁，沟通中西，为中国、为世界提供最富智慧的思想文化成果。无论世事白云苍狗，潮流左右激荡，甚至战火硝烟弥漫，始终践行学术报国之志，无改初心。

迻译世界各国学术名著，即其一端。早在 20 世纪初年便出版《原富》《天演论》等影响至今的代表性著作，1950 年代后更致力于外国哲学和社会科学经典的译介，及至 1980 年代，辑为“汉译世界学术名著丛书”，汇涓为流，蔚为大观。丛书自 1981 年开始出版，历时三十余年，迄今已推出七百种，是我国现代出版史上规模最大、最为重要的学术翻译工程。

丛书所选之书，立场观点不囿于一派，学科领域不限于一门，皆为文明开启以来，各时代、各国家、各民族的思想与文化精粹，代表着人类已经到达过的精神境界。丛书系统译介世界学术经典，引领时代思想，为本土原创学术的发展提供丰富的文化滋养，为推动中国现代学术和现代化进程做出了突出的贡献。

为纪念商务印书馆成立120周年，我们整体推出“汉译世界学术名著丛书”120年纪念版的珍藏本，寄望既利于文化积累，又便于研读查考，同时向长期支持丛书出版的译者、编者和读者致以敬意。

两甲子后的今天，商务印书馆又站在了一个新的历史时间节点上。我们不仅要铭记先辈的身影和足迹，更须让我们的步伐充满新的时代精神。这是商务人代代相传的事业，更是与国家和民族的命运始终紧密相连的事业。我们责无旁贷，必须做好我们这代人的传承与创造，让我们的努力和成果不仅凝聚成民族文化的记忆，还能成为后来人可以接续的事业。唯此，才能不负前贤，无愧来者。

商务印书馆编辑部

2017年10月

译者前言

本书作者约翰·洛克(1632—1704),是十七世纪英国唯物主义哲学家,欧洲资产阶级启蒙运动的先驱者之一。他出生于律师家庭,早年在牛津大学攻读哲学和医学,曾参加辉格党的政治活动,担任过政府的贸易和殖民事务大臣。主要著作有:《政府论》[①]、《人类理解论》和《教育漫话》等。

本书是洛克于1685—1704年间所写的论宗教宽容的四封书信的第一封信,是写给他的好友菲力·范·林堡格的。林堡格是阿姆斯特丹抗辩派领导人,而且和作者同为文学社的成员。写此信时,作者正在荷兰流亡,逃避斯图亚特王朝保皇党的政治迫害。

这封信原文为拉丁文,于1689年,即"光荣革命"后一年,才在荷兰匿名发表,当即引起舆论界的强烈反响。同年荷兰文本、法文本和英文本相继问世。其中最有影响的英文译本的译者为洛克的好友伦敦商人鲍勃。洛克对这个译本是非常满意的。《洛克全集》中的这封信,用的就是这个英译本,以后其它国家出版的这封书信,也以这个英译本为准。

① 下册已由商务印书馆出版中文版,并于1981年收入《汉译世界学术名著丛书》。——编者

这封信在英国公开发表后，即遭到牛津大学女王学院的一个名叫尤纳斯·普洛斯特的教士的反驳。他认为，为促进“纯正的宗教”，使用强制手段是正当的和合法的。洛克为答复尤纳斯·普洛斯特的论点，先后于1690、1692和1704年，又以书信形式写了三篇论宗教宽容的著作，但最后一篇尚未写完即与世长辞。这四篇书信合在一起，就是收入《洛克全集》的《论宗教宽容》。

洛克是自然神论的奠基人之一，他在宗教问题上的自由主义思想，在当时是有进步意义的。在本书中，他批判了君权神授思想，系统地阐述了政教分离和信教自由的主张。他认为，宗教不是国家大事，而是公民的私事，国家对教会应一视同仁、平等相待，实行宽容政策。但教会活动不能危害公共利益，不得反对本国政府，还必须受到一定的限制。此外，他还要求禁止无神论思想。本书提出的某些思想和原则虽有它的局限性，但作为人类思想财富，仍然值得重视与研究。

本书根据美国人文出版社1955年出版的第二版英文本译出，翻译过程中又根据英国1963年出版的新版《洛克全集》第6卷对原文作了核对。书中引用的《圣经》经文，采用中华圣经会出版的《新约全书》(1947年版)的译法。由于两种文本的圣经分节不同，在译文的节次上与原文略有出入之处。

1981年7月

尊敬的先生：

蒙您向我询问关于不同信仰各教派的基督徒之间互相宽容的想法，我必须坦率地回答您，我把那种宽容誉为纯正的教会基本特征的标志。因为不论一些人如何夸耀其出生地和名字的古老，或其外部仪式的华丽；而另一些人则以其宗规改革相炫耀；其实，他们都无非是为了标榜其信仰的正统性——因为每个人都以自己为正统——这些和其他诸如此类的东西都不是基督教会的标志，只不过是人们互相争夺统治他人的权力和最高权威的标记罢了。任何人尽可以郑重其事地以此相标榜，然而，倘若他缺乏仁爱、温顺以及对全人类乃至对非基督徒的普遍的友善，他自己当然也就不配为一个真正的基督徒了。救世主曾对他的门徒说过："外邦人有君王为主治理他们，但你们不可这样"(《路加福音》第 22 章第 25 节)。真正的宗教完全是另一回事。它并不是为了制定浮华的仪式，也不是为了攫取教会的管辖权或行使强制力，而是为了依据德性和虔诚的准则，规范人们的生活。不论是谁，如果他愿意置身于基督的旗帜之下，对他说来，首要的和高于一切的，就是向自己的邪恶和私欲开战。任何人若没有圣洁的生活、纯洁无瑕的行为，缺乏仁爱和忍让精神而僭取基督徒的美名，都是徒然无益的。"凡称呼主名的人，总要离开不义"(《提摩太后书》第 2 章第 19 节)。我们的救主曾对彼得说过："你回头以后，要坚固你的兄弟"(《路加福音》第 22 章第 32 节)。一个对拯救自己的灵魂漠不关心的人，要使我相信他特别关心拯救我的灵魂,那的确是很困难的。因为那些在自己的内心深处并未真正笃信基督教的人,是不可能热忱地、衷心地献身于使他人成为基督徒的事业的。如果说福音书和使徒们是可信的,那么,任何人若没有仁爱,没有那种不是加之以外力、而是动之以爱心的信仰,是断不能成为基督徒的。这里,我要向那些以宗教为口实,迫害、折磨、屠杀和毁灭他人的人的良心呼吁:他们这样做,是出于对他人的友善和仁慈吗?我以为,只有在下述情况下,我才确实相信他们是那样的,这就是说,只有当我能够看到,这些狂热者以同样的方式来匡正其熟人和朋友所犯下的显然违背福音书训谕的罪恶;当我能够看到,他们用火与剑来惩罚那些以大罪玷污他们自己教会、而且若不悔改,便有永遭沉沦危险的同宗教友们;当我能够看到,他们当真用苦刑和一切残酷手段来表示其爱心和救人灵魂的愿望的时候。因为如果真像他们所伪称的那样,他们剥夺人们的财产,施以肉刑使其残废,让人们在令人叫嚷不堪的牢房里忍受折磨最后甚至夺去其生命都是发自爱心和对拯救灵魂的关怀的话——我要问,倘若这一切只是为了使人成为基督徒并保障他们的灵魂得救的话,那么,他们为什么还要容忍诸如奸淫、邪荡、欺诈等(据《罗马人书》第1章)和异端邪教伤风败俗的丑恶行径在其信徒中间如此充斥与盛行呢?凡此种种,较之那些过着无邪的生活的人们对教会决议所持的任何诚挚的异见,或脱离公共礼拜,当然是更有损于上帝的荣耀、教会的圣洁和灵魂的拯救。那么,为什么这种对上帝、对教会、对灵魂拯救的火一般的狂热——我用火这个字眼,指的是它的字面含意,即用火和干柴来烧[①]——面

① 意指中世纪教会的火刑。——译者

对这些众所公认的、直接违背基督教信仰的道德败坏的邪恶行为，却视而不见、不加任何惩罚呢？反之，却挖空心思地去致力于推行一些细微繁琐、超出常人的理解力的礼仪并为其制造舆论，这又是为什么呢？关于这些事情的争论各方，究竟谁是正确的，谁犯有宗派分立罪或异端的——是那些统治他人的，还是那些受苦受难的；谁是谁非，在判明了他们各方分离的原因之后，一定会真相大白。一个跟从基督、信奉主的教义、听从主的召唤的人，尽管他离弃父母、脱离他的国家的公共聚会和礼拜，或者不管他遗弃了什么人或什么东西，是不能被宣判为异端的。

虽然，教派之间的纷争对于灵魂的拯救应当承认是莫大的障碍，然而像奸淫、邪荡、污秽、偶像崇拜以及诸如此类无可否认的肉欲行为却是使徒明确宣布过"做这样事的人，必不能承受上帝的国"(《加拉太后书》第 21 章)。因此，不论是谁，假使他果真是关心上帝的王国，并以努力在人们中间扩大这个王国为己任，他至少应当更加关心并努力根除这些不道德的行为，而不是党同伐异。如果有谁反其道而行之，把同他持有不同见解的人视若仇敌，残酷虐待，那就是怂恿这种与基督徒的名字不相称的不义和不道德的行为。这种人不管他如何喋喋不休的侈谈教会，他的行为已清楚表明：他所追求的，恰恰是另一个王国，而不是为了促进上帝之国。

如果有人真诚期望拯救别人，而又认为把别人折磨至死是恰当的，这种情况，即便是在一个不信基督教的国家里，我认为也是非常奇怪的，而且我认为对任何其他的人也是一样。但是，可以肯定地说，谁都不会相信这种行为是出自仁爱、爱心和友善。如果有谁认为，应当用火和剑来强迫人们信奉某种教义，遵从这种或那种外部仪式，而无须考虑他们的道德；如果有谁强迫人们信奉他们不相信的东西，容许他们做福音书所讳禁的事，从而想方设法地把谬误者拉入教内；无疑，这种人是存心要使无数的人们参加到他自己的教派中来。但是所谓诉诸这些手段主要是为了建立纯正的基督教会云云，则是完全不能令人置信的。因此，那些不是真诚地为促进纯正的宗教和基督教会而争斗的人们，要诉诸于非属基督教论战的武器，也就不足为怪了。假使他们也像我们的救主那样，真诚地为了有益于灵魂，他们就会跟在和平王子[①]后面，效仿他的完美榜样。那位和平王子派天兵收服各国时，不是用剑和其他武器把他们武装起来，让他们在教堂里集合，而是以和平福音和堪为楷模的神圣交谈给他们作好准备。这就是救主的方式。假使那些异教徒果真能够因武力强迫而改宗，那些愚顽者能够因全副武装的士兵的胁迫而归正的话，那么，我们知道，这对于拥有天兵天将的上帝说来，比任何教会的儿子都要更加容易得多，不论后者的骑兵骁将有多么强悍。

对于那些在宗教问题上持有异见的人实行宽容，这与耶稣基督的福音和人类的理智本来完全一致，有些人们对于如此透彻精辟的见解，竟如此愚盲，无视它的必要性和优越性，真是令人吃惊。这里，我不愿对一些人的傲慢和野心，或另一些人的偏激和狂热多所指摘。这些也许是人类难以完全避免的过错。然而，有些人虽然在反常情绪的支配下干下了这些劣迹，却没有一个人不想用虚伪的色彩把自己掩饰起来，骗取别人的赞许，免于承担罪责。但

① 指耶稣基督。——译者

是，为了使一些人不得以关心公众福利和维护法律为名来掩饰其反基督教的残忍和迫害他人的真意；为了使另一些人也不得以宗教的名义为其自由主义和放荡行为寻求赦免——一句话，为了使谁都不得以效忠于君王或竭诚礼拜上帝为幌子，欺骗自己，或欺骗他人。我以为下述这点是高于一切的，即必须严格区分公民政府的事务与宗教事务，并正确规定二者之间的界限。如果做不到这点，那么那种经常性的争端，即以那些关心或至少是自认为关心人的灵魂的人为一方，和以那些关心国家利益的人为另一方的双方争端，便不可能告一结束。

在我看来，国家是由人们组成的一个社会，人们组成这个社会仅仅是为了谋求、维护和增进公民们自己的利益。

所谓公民利益，我指的是生命、自由、健康和疾病以及对诸如金钱、土地、房屋、家具等外在物的占有权。

官长的职责是：公正无私地行使平等的法律，总体上保护所有的人并具体地保护每一个公民属于今生的对这些东西的所有权。如果有谁敢于违犯旨在维护上述所有权的、公正和平等的法律，其不法企图将会因为慑于惩罚而受到限制。惩罚包括剥夺或限制他的公民权利或财产，亦即在正常情况下，他原本可以而且应当享受的那些权益。但是，鉴于任何人都不愿遭受被剥夺其任何一部分财产的惩罚，更不愿意丧失自由和生命，所以官长是以他的全体臣民的力量为后盾，去惩罚那些侵犯任何他人权利的人。

既然官长的全部权力仅限于上述公民事务，而且其全部民事的权力、权利和辖制权仅限于关怀与增进这些公民权利，它不能、也不应当以任何方式扩及灵魂拯救。因此，我以为下述各点理由是可以充分确证的。

首先,谁也没有责成官长比他人更多地来掌管灵魂的事。我可以用上帝的名义说,并未授予他这种权力。因为看来上帝从未把一个人高于另一个人的权威赐予任何人,致使他有权强迫任何人笃信他的宗教;也不能说人民赞同把这种权力交与了官长,因为谁都不会对自己的灵魂拯救弃之不问,而把它盲目地交由他人来决定取舍,无论他是国王,抑或是臣民,都不能由他来决定应该遵从何种信仰和礼拜。这是因为,谁都不能使自己的信仰屈从于他人的指令,即便他想这样做也罢。真正的宗教的全部生命和动力,只在于内在的心灵里的确信,没有这种确信,信仰就不成其为信仰。不论我们表示相信什么样的信仰、遵从什么样的外部礼拜形式,如果我们在自己的内心里不是充分确信前者为纯正的信仰,后者为上帝所喜悦,这样的表白和礼拜便毫无裨益,而且注定会成为我们灵魂拯救的巨大障碍。因为这样做,不仅没有通过礼拜赎免我们原有的罪过,反倒因为我们用看来会触犯上帝的方式去礼拜全能之主而增添了新罪,这就是对神圣陛下伪善和蔑视之罪。

其次,掌管灵魂的事不可能属于民事官长,因为他的权力仅限于外部力量,而纯真的和救世的宗教则存在于心灵内部的信仰,舍此没有任何东西能够为上帝所接受。悟性的本质就在于,它不可能因外力的原因而被迫去信仰任何东西。监禁、酷刑和没收财产,所有这类性质的东西都不能改变人们已经形成的关于事物的内在判断。

人们仍可以辩解说,官长可以用辩论的方式引导异端派领悟真理,从而使他们的灵魂得救。姑且同意这点。但是,这对官长和他人是共同的。在通过理性来指导、教诲和纠正谬误方面，官长当然可以做那些善良的人所应做的事。官长身份并未要求他放弃人道或基督教理。但是，劝说是一回事；命令又是一回事。晓之以论证是一回事；强之以刑罚则是另一回事。一个，只有民事权威才有权去做；至于另一个，则友善就是足够的权威。每个人都有责任去规劝、勉励和说服谬误者，并通过说理引导他领悟真理。但是，颁布法律、要求服从和以刀剑进行强制，这些便不能属于他人而只能属于官长。基于上述理由，我断定，官长的权力是不能靠法律的威力来确立任何信条或礼拜形式的。因为法律若没有刑罚便不会有威力，而在这种情况下，刑罚是完全不合适的，因为它们无助于使人心里信服。如前所述，相信任何信条，遵从任何外部礼拜形式，除非表白信仰和举行礼拜仪式的人自己在内心里深信前者为真理、后者为上帝所领受，对于灵魂的拯救都是没有用处的。刑罚绝不会使人产生这样的信念。只有启发和明证才能改变人们的见解，而肉体痛苦或其他任何外部的惩罚都是不可能使人得到启发的。

第三，灵魂拯救的事不可能属于官长掌管，因为即令法律和刑罚的威力能够说服和改变人的思想，却全然无助于拯救灵魂。因为真理只有一个，到天国之路只有一条。如果人们除法庭规定的宗教外别无其他可循，而又不得不放弃自己理性的启示，违背自己良心的指示，盲目地逢迎统治者的旨意，去屈从于在其出生国中或因迷信或因愚昧和野心而偶然建立起来的教会，又怎能指望把更多的人们引进天国呢？

在关于宗教的众说纷纭、互相矛盾的看法上，世上的君主们也像他们在世俗利益上那样，分裂为许多派，于是到天国的狭窄之路变得更难寻找了。其结果,将会只有一国走的是正道,世界其他国家的臣民,便都不得不跟着他们各自的君王走向毁灭之途了。而且,人们究竟是享受永生的幸福,还是蒙受无尽的苦难,似乎都要靠出生地来决定,这就更加荒唐和不合神意了。

虽然仍可以列举出其他一些理由来说明我们的论点,但是我以为,仅据上述理由便足以得出结论:公民政府的全部权力仅与人们的公民利益有关,并且仅限于掌管今生的事情,而与来世毫不相干。

下面就让我们来谈谈什么是教会。我认为,教会是人们自愿结合的团体,人们加入这个团体,是因为他们认为能够用上帝可以允许的方式礼拜上帝,以达到拯救灵魂的目的。

我说教会是一个自由的、自愿的团体,是因为任何人都不是生来就属于某一教会。否则,父母的宗教信仰势必像他们的世俗财产一样,可以凭借财产继承权而转归自己的子女;那样,每个人都将像他占有土地的方式和期限一样而拥有他的信仰了。难道还有什么能比这更荒唐的吗?所以事情只能是这样:谁都不是生来就属于教会或宗派,但每个人都自愿地加入某个教会,因为他确信在其加入的那个教会里,确实找到了为上帝所喜欢的表达信仰和礼拜的方式。既然期待得救是人们加入某个教会的唯一原因。因此,这也是他留在那个教会里唯一的理由。可是,如果这个人后来发现在其加入的那个教会里,或教义上有差错,或礼仪方式不适当,他为什么不可以像他自愿加入那样而自由退出呢?对一个教会会员说来,除了他对永生的确切期待以外,再没有任何其他东西使他和教会联系在一起。因此,教会就是一个以此为宗旨的、由会员们自愿组合而成的团体。

下面让我们来考察一下这种教会的权力是什么和遵守什么样的法规。

我说教会犹如任何一个团体一样，无论这个团体多么自由、松散，也无论它是基于多么偶然的因素而成立的——例如哲学家们为了交流学问，商人们为了做生意，或闲情逸致的人们凑到一起来对谈和讨论——倘若没有某种法则作为约束，并且大家都遵守这些法规的话，是决然不能维系一起而无不立即散伙的。比如，聚会的时间和地点须取得一致；入会与退会的原则须建立；以及成员等级的区分和正规程序的保持等诸如此类的事，都是必不可少的。但是，正如上面所指明的，既然会员们结成的这个教会是绝对自由和自发的，因此，其立法权必然不会一致同意授权的人。

或许有人会提出反对，认为任何一个团体，除非它有一个主教或长老，其权威是直接导源于使徒们本身，经过绵延不断的继承交递，一直延续到当今的主持者，否则便不能说它是一个真正的教会。

对此我要回答：首先，请他们出示那份教令，说明基督确曾向他的教会颁布过那项法律。而且，在这种事关重大的问题上，如果我要求所出示的教令，其词句必须是明确而肯定的，请任何人不要认为我态度不恭。因为基督曾明确向我们应许：（《马太福音》第18章第20节），无论在哪里，有两三个人，只要是奉他的名聚会，那里就有他在他们当中。这段话的含义与上述看法似乎正好相反。这样的聚会作为一个真正的教会来说是否还缺少点什么必要的东西，请您们去考虑。我认为，这对于灵魂拯救来说再也不缺什么东西了，对于达到我们的目的也完全足够了。

其次，我提请人们注意：即令在那些强调某一级教职必须神授和教职应当蝉联的人们当中，也存有巨大分歧。正是他们彼此间的分歧促使我们不得不慎重考虑。而这样的结果将使我们有自由去选择我们经过考虑认为是较满意的说法。

最后，倘若我有自由加入一个教会，而在这个教会里我确信，那些为救人灵魂所必须的事能够得以实现的话，我便可同意他们的看法，即他们可以有自己的教会主持者，而且这个人是在他们认为必要的情况下，经过长时间继承蝉联的方法确立的。那样，各方面的人均可享有教会的自由，谁都不再有强加于自己的立法者，而是由人们自己来选择立法者。

但是，既然人们对纯正的教会那样关心，这里我想顺便向他们问一声：倘若规定入会条件应包括并且只包括像圣灵在《圣经》里所明确宣布的、对于灵魂拯救所必须的那些东西，不是更适合基督的教会吗？我请问：这比人们把自己随心所欲的解释强加于人，似乎只有他们具有神的权威，甚至利用所谓教会法规，把《圣经》里从未提及或至少没有明确规诫的东西宣布为信徒所必须遵守的条件，不是更适合基督的教会吗？对于那些为了教会的目的而对基督为了永生加以摈弃的东西提出要求的人们说来，也许他们果真能够建立起一个适合他们自己的主张和利益的教会来。但是，我不懂得这种不是按照基督的例律建立起来的、并把基督有朝一日要纳入天国的人排斥在外的教会，怎样能够称为基督的教会？不过，这个地方不是不研究纯正教会标志的适当场合。我只是想提醒那些一本正经地为他们自己的教会法令而辩护的人们，以及那些不断地高声叫喊“教会!”“教会!”,就像以弗所银匠叫卖自己打制的月亮神银器一样的人们。我要提醒他们注意:《福音书》迭次宣布,基督的真正门徒一定要忍受迫害,但是说基督的教会应当去迫害别人,甚至以火和剑来强迫人们接受它的信仰和教义,这却是我在《新约》的任何章节里永远无法找到的。

如前所述,教会的宗旨是共同礼拜上帝,并以此为手段求得永生。因之,它的一切规定应当有助于这个目的,教会的全部法规也应以此为限。教会不应、也不能受理任何有关公民的或世俗财产的事务,任何情况下都不得行使强力。因为强制权完全属于官长,对一切外在物的所有权都属于官长的管辖权。

但是,这里可能要问:如果教会法规竟因此而毫无强制性的权力,那它又要靠什么样的手段来建立呢?我的回答是:必须通过与事物本质相适合的手段来建立。至于那些外表上对法规的确认和遵守,如果并非出于内心的赞同和坚信,是完全无用的和无益的。使教会会员忠于职守的唯一手段是规劝、训诫和勉励。如果经过这些手段仍不能使违反者改邪归正,那就没有别的办法可循,只好将这种没有希望挽救的顽固者逐出教会。这是教会最大的、也是最后的一项权威。对于被开除者,教会除与之断绝关系外,不能再进行其他惩罚,受罚者不再是那个教会的一员。

在解决了上面这些问题之后,下面就让我们来探讨一下这种宽容责任的适用范围有多大及其对每个人的要求是什么。

首先,我认为,任何教会都决不会因为宽容责任而容纳那种屡经劝告仍执意违反教会法规的人。因为这是教会的条件,也是教会的一项契约;如果容忍这种违法行为而不加任何责罚,教会便会立即解体。尽管如此,在所有这类场合下都必须注意:在宣布和执行革除教籍的决定时,不得对被除名者使用粗鲁的语言或行动,使他们的身体或财产以任何方式蒙受损失。因为(如前文经常谈及的)一切强制性权力只属于官长,任何个人除非为了反对非正义暴行而进行自卫,任何时候都不得使用暴力。革除教籍没有、也不可能剥夺被除名者先前占有的任何世俗财产。所有这些东西均属于公民政府,并受官长的保护。革除教籍权力只包括:宣布教会关于革除教籍的决定,从而断绝教会与被开除者之间的关系;关系一经断绝,被开除者便不能参加教会对其成员开放的某些活动,因为这些活动任何人不得以公民权利参加。教会牧师在举行圣餐礼时,不再发给被开除者面包和酒,是因为这些东西是用别人的钱买来的,所以这样做并不侵害他的公民权利。

其次,任何私人都无权因为他人属于另一教会或另一宗教以任何方式危害其公民权利的享受。他作为一个人而享有的一切权利以及作为一个公民而享有的公民权,都是神圣不可侵犯的。这些并不是宗教事务。无论他是基督徒,还是异教徒,都不得对他使用暴力或予以伤害。不,我们不能仅仅满足于为伸张正义而采取的狭隘措施,还必须以仁爱、慈善和自由作为补充。这是福音书所指示的,理性所引导的,也是我们生而具有的自然身份要求于我们的。如果有谁从正路误入歧途,那是他自己的不幸,并未有损于你。因此,你既然相信他将要在来世受罚,也就无须在今生的事情方面对他惩罚。

我所说的关于在宗教方面持不同见解的私人之间互相宽容的看法,依我的理解,也适用于具体的教会。它们彼此之间的关系也和私人之间的关系一样:任何教会无权管辖其他教会,即使官长(像有时出现的情形那样)恰巧属于这个或那个教会时,亦无例外。因为公民政府不能授予教会以新的权利,教会也不能授权予公民政府;无论官长加入或脱离某个教会,教会依然和过去一样,是一个自由的、自愿的团体。它既不因官长的加入而获得剑的权力,也不因官长的退出而丧失其教导权和革除教籍权。这是一个自发教会的不变的、根本的权利,即它有权开除任何违反其教规的会员;但教会不能因接纳任何新会员而取得对非会员的管辖权。因之,所有教会均像私人之间的关系一样,永远共同遵守和睦、平等和友好的准则,而不得以任何借口谋求超越或统治对方的权限。

为把事情说得更加明白,我们不妨举个例子。让我们以同在君士坦丁堡的亚美尼亚教会和加尔文教会为例。谁能因为二者之间由于在教义和礼仪上有所不同,而说一个教会有权剥夺另一教会会员的财产和自由(如我们在有些地方所见到的那样),同时让土耳其人站在一旁幸灾乐祸地观看基督教徒之间彼此互相残酷虐待呢?但是即令假设它们之中的某一方有权虐待另一方,我便要问:这种权力应当属于哪一方?又是基于什么样的权利呢?无疑,人们会回答说,正统的教会拥有管辖谬误的或异端的教会的权利。可是,这种似是而非的大话等于什么也没说。因为每个教会对其自身而言都是正统的,而对其他教会则是谬误的或异端的。一个教会不论相信什么,它都认作是真理,并把与之相反的称为谬误。因此,这两个教会在关于教义的真理性和礼仪的纯洁性的争端中,双方都处于同等的地位;不论在君士坦丁堡或世界的其他地方,都找不到一位法官,可以根据他的裁决来解决这场争端。这类问题的裁决和对谬误一方的惩罚，只能属于万人之上的最高法官[①]。与此同时，让那些人们深刻反省一下：当他们粗野、傲慢地虐待那些并不从属于他们、而是别的主人之奴仆的人们时，即令不是在他们的谬误之上，也定然是在其傲慢之上又增添了不义行为，他们这样做是犯了多么穷凶极恶的恶行呀！

不仅如此，进一步说，假使事态能够表明争议双方之中的某一方是正确的，正统的教会也并不能由此而取得消灭对方的权利。因为不仅教会无权管理世俗事务，而且，火和剑也不是用以说服人们领悟真理、改正错误的恰当手段。尽管如此，我们仍不妨假定官长倾向于某一方并把剑柄交与他们手里，于是他们（在官长的赞同下）便可以随心所欲地惩罚对方。可是，谁能认为基督教会能够从一个土耳其苏丹手里取得统治其教友的任何权利呢？异教徒自己尚且没有只是因为信仰不同而惩罚基督教的权利，当然也不可能授予任何基督教会以这样的权威，更不可能授予他们连他们自己也还没有的权利。这就是在君士坦丁堡的情形。在所有基督教王国，道理都是一样。民事权力在各地都是相同的。这种权利即使操在基督教君王手里，也不可能比它操在异教徒手里时授予教会以更大的权威。就是说，谁都没有这样的权威。

然而，值得注意和令人哀叹的是，那些激烈的真理捍卫者们、谬误的反对者们和宗派分立说的谴责者们，除了有世俗长官站在他们一边的时候以外几乎很少把他们满怀激情的对立的狂热表露出来。而一当王室对其表示偏袒时，他们便以强者自居，于是和平

① 这里指上帝。——译者

和仁爱也就立即被他们抛至九霄云外了。在其它情况下,他们通常给人以虔诚的印象。在那些尚未攫取到迫害他人的权力并成为人主的地方,他们总是愿意平等相处并鼓吹互相宽容;当他们还没有世俗权力作后盾而强大起来时,他们对邻居中偶像崇拜、迷信和异端的泛滥总是能够耐心而冷静地忍受。而对这些东西,他们在其它情况下,为了宗教的利益,却是深感忧虑的;他们对宫廷内流行的或受到政府支持的谬误,并不主动予以抨击;此时,他们只能满足于退出争论。可是(请他们原谅)只有争论才是传播真理唯一正确的方法;只有当强有力的论辩和充足的理由与温雅、善良的方式相结合时,真理的传播才能占据优势。

因此,不论是个人还是教会,不,连国家也在内,总而言之,谁都没有正当的权利以宗教的名义而侵犯他人的公民权和世俗利益。对此抱有异议的人应当郑重考虑:他们将会对人类播下多么致命的纷争和战乱的种子!煽起何等强烈的嫉恨、掠夺和屠杀!只要那种认为统治权是上帝的恩典;可以使用武力传教的意见占了上风;那么,在人与人之间便不可能建立并保持和平和安全,不,甚至连普通的友谊也谈不上。

再次,让我们来探讨一下宽容责任对那些以教职及某种教会特征区别于其余人类(即区别于他们乐于称之为俗人的人们)的人的要求。这里指的包括主教、牧师、长老、司祭或拥有其他显赫头衔的人们。我无意在此考究这些教职人员的权力或其尊严的渊源,而只想说明一点,即:不论他们的权威来自何处,既是教会的,它便只能限于教会内部,而绝不能以任何方式扩大到公民事务。因为教会与国家互相有别并绝对分离,他们之间的界限是明确不变的。谁若把这两个在渊源、宗旨、事务以及在每一件事情上都截然不同并存有无限内在区别的团体混为一谈,谁就等于是把天和地这两个相距遥远、互相对立的东西当作一回事。因此,无论是谁,不管他在教会里担任多么令人尊敬的职务,都不得以他们之间的宗教信仰不同为借口而剥夺不属于他那个教会或宗教的人们的自由或其世俗财产的任何部分。因为凡对于整个教会不合法的东西,都不可能凭借教会的权利,而变成对其会员合法的东西。

但是,这还不是事情的全部。教士们仅仅戒绝暴力、掠夺和各种形式的迫害,那是远远不够的。那些自称为使徒继任者并接过宣教职务的人,还有义务劝诫其听道者们以和平和友善的态度对待一切人,包括谬误者和正统派,也包括在信仰和礼仪上与他们不同的人和相同的人。他们还必须以仁爱、温顺和宽容,孜孜不倦地劝诫所有的人,——不论他是平民还是官长(如果在其教会里确有官长的话),并始终不渝地致力于缓和和节制或是出自人们对本宗派的狂热,或是由于他人的诡计而被煽动起来的对不同意见者的所有那些激愤情绪和反理性的厌恶心理。假如各地的讲坛都回响着这种和平与宽容的福音,我是不愿来描绘它将为国家和教会带来何等美好的成果的,恐怕那样一来,我就很可能对那些人反应太严肃了,当然我不愿损害他们的尊严,也不愿看到其尊严因别人或因自己而受到损害。但是我应当说事情本来应该是这样。而且,如果谁自诩为上帝之道的牧师、和平福音的布道者,却传播相反的东西;他要不是不理解就是玩忽了自己的成绩,他就总有一天要向和平王子有所交待。如果说上帝曾告诫基督徒,即使在屡遭触犯和迭受摧残之后亦不得以任何方式图谋报复,那么,那些从未遭受苦难和伤害的人，又该如何更多地克制强暴、戒绝以任何方式虐待那些从未损害过他们的人呢？他们当然也应当以同样谨慎、克制的态度去对待那些只关心自己的事务的人，这些人（不管别人对他们如何看法）除了以他们确信上帝能领受的方式礼拜上帝，并通过这种方式对永恒得救抱有强烈的期望外对其它一切都不关心。在家务私事、财产管理、健康保护方面，人人都可考虑自己的方便，按自己最合意的方式去做。谁都不会因为别人在种田或出嫁自己女儿问题上的过失而愤愤不平；谁都不屑于管教在酒吧间里挥霍家业的浪荡子弟；谁想拆房、建房或花掉多少钱，都听其所欲，无人窃窃私议，无人加以控制；关于这些，他都有自己的自由。可是，如果有谁不经常到教堂去做礼拜，不按习俗礼仪约束自己的行为，或者不领自己的子女到这个或那个礼拜堂去接受神圣秘典，马上就会引起一场风波。左邻右舍立即会发出一片喧嚣和吵闹。每个人都准备惩罚如此的大罪。而且，在案件尚未审理之前，在那个可怜的人还没有经过正式手续受到剥夺其自由、财产或生命惩罚之前，那些狂热分子就很难保持克制和忍耐而不立即采取暴力和掠夺行为。呵！我们教会各宗派的那些雄辩家们，将要竭尽全力地施展其雄辩之才来颠倒是非，论证人们的过失。但是，请他们饶恕这些人吧！请他们不要以暴力手段来弥补他们理智的匮乏吧！因为暴力属于另外一个管辖的范畴，与教士之手是不相称的。请他们勿以官长的权威来补救他们的辩才和学识，否则，当他们诡称只爱真理时，他们那带着火与剑味道的极度狂热或许会使其野心暴露无遗，而使人看到，他们所追求的无非是世俗统治权罢了。因为确实很难说服稍有常识的人使其相信：一个眼不掉泪、心安理得地把他的弟兄交给刽子手去活活烧死的人，是真心实意地关心于拯救他的弟兄，使其在来世中免遭地狱的火刑的。

最后，让我们来考察官长在宽容问题上所负的职责，这当然是非常重要的一个方面。

我们已经证明了掌管灵魂的事不属于官长——我之所以说，它不是官长的职责（如果我可以这样说的话），是因为我认为官长的职责，是由法律所规定并以惩罚作为强制手段的。但是一种仁爱的关怀，包括教诲、劝诫和说服，是对每个人都不能否认的。因之，掌管灵魂的事属于每个人自己，也只能留归他自己。可是，如果他对掌管自己的灵魂漠不关心呢？我倒要反问一句：如果他对自己的财产或健康漠不关心，而这些显然与公民政府关系更密切，那又该怎么办呢？官长能以法律保证他不会成为穷人或病夫吗？法律充其量只保障公民的财产和健康不受他人的欺诈和暴力的侵害，而不能保障所有者自己不会对财产漫不经心或管理不善。一个人不论其愿意与否，谁都无法强迫他一定要发财致富或身体健康。不，上帝自己也不会违反人们的意愿来拯救人。然而，我们不妨假设有某个君王欲强迫其臣民积累财富或保养好身体。可是，能够以法律规定这些臣民只能找罗马大夫就医并遵照其开列的药方生活吗？假若人们只能服用梵蒂冈或日内瓦店铺里出售的药剂，事情会怎么样呢？或者说，为使臣民们发财致富，难道就得以法律来迫使大家都去做商人和音乐师吗？或者说，因为有些食品店主和铁匠能够富足地供养全家并因为从事这些行业而发了大财，于是就下令让大家都去开饭铺或铁匠铺吗？但是，却可以说，生财之道有千条，而到天国之路却只有一条。这话说得实在太好。

尤其是出自那些主张强迫人们走这条路或那条路的人之口！因为，假若真的数条路可通天国，强迫他人者就不必要那样多的借口了。可是，假如我正劲头十足地沿着神圣的地理学所标示的那条直通耶路撒冷的道路前进时，为什么我还要因为不穿短筒靴；或者因为我的发式不够标准；或者因为我未按正确方式受洗；或者因为我在路上吃了肉或其它可口的东西；或者因为我遇到荆棘和悬崖便绕路而行；或者因为在有几条路可走时，我拣了一条最捷径、最干净的支路；或者因为我不愿与一些不是不严肃、就是过于尖刻的同路者结伴而行；或者，因为我的向导是否穿白袍或戴不戴主教冠等等而受人殴打和虐待呢？当然，如果我们能够正确地加以考虑，就不难发现，这些大都是微不足道的小事，（如果不带有迷信和伪善的东西，对宗教或灵魂的拯救并无害处）是可以遵守或者不予理睬的。我说，正是这些区区小事将会在本来对宗教的本质或基本部分完全意见一致的兄弟基督徒中激起不共戴天的仇恨。

但是，假使我们赞同那些对一切不合于他们模式的东西一律加以谴责的狂热派的意见，不同的方式将产生不同的后果。由此我们又能引出什么样的结论呢？真正通向永生之路只有一条。可是，在人们所走的如此纷繁杂芜的道路中，究竟哪一条是正路，却仍然是一个疑问。政府的关照或者正确的法规的制定，都没有为官长发现较之私人自己寻找与研究发现出来的更加确实可靠的这条通往天国的道路。假定我因为患衰竭症而身体虚弱，又只有一种我不知道的药可治好这病，难道能够因为只有一种、又是我所不知道的药，我就得请官长为我开处方吗？难道能够因为只有一种办法可使我免于死亡，我就得俯首听命于官长的吩咐才是万全之策吗？所有这些每个人都应当真诚地亲身去进行探索，并且通过思考、研究和自己的努力以求有所了解的事情都不能看作是某种人特有的本事。君王们在握有权力方面确实是生来就优于他人的，但在自然本性方面也同别人一样。统治权利和统治艺术并不表示他必然同时还掌握有关其它事物的确切知识，更不要说关于纯正的宗教的知识。否则，又何以解释世上的君主们在宗教问题上存有如此巨大的分歧呢？然而，我们不妨认为，君王们可能比臣民们对于通往永生之路了解得更多一些，或者说，对私人说来，至少在这些不肯定的事情上最安全可行的办法，就是按照君王们的旨意去做。你会问，那么，怎么办呢？如果君王命你靠经商谋生，你能因为担心失败而拒之不干吗？我的回答是：我一定照君王的命令改做商人。因为如果我经商失利，他完全有能力设法补回我的损失。因为若果真如他所声称的那样，他为的是使我的买卖兴隆、使我发财致富，那么，如果我因为航海失利而破产，他一定能把我重新扶植起来。但是，关于来世的事却完全不是这样。如果在那个问题上我走错了路并因此而毁灭了自己，官长既没有能力弥补我的损失、解除我的痛苦，也无力使我得到任何程度的恢复，更不必说完全恢复了。官长能够发给你什么样的进入天国的保证书呢？

也许有人会说，他们并不认为所有的人在宗教事务上必需遵从的万无一失的判断不属于民事官长，而属于教会。凡教会决定的，民事官长只是下令遵行；官长以其权威保障，任何人在宗教事务上均不得去做或者去相信那些非属教会教诲的东西。因此，这些事情的决断权在教会；官长本人服从教会，也要求其他人跟着服从。我的回答是：自教会备受尊敬的使徒时期始，谁未看到后世人经常利用教会名义欺骗人民的现象呢？但是，在我们当前这个情况下，这种说法确实是无能为力了。对于那条通往天国的唯一小路，官长并不比其他人更熟悉，因此我不能放心地让他来充当我的向导。因为对这条道路他可能同我一样的无知，而且他肯定不像我自己那样关心我的灵魂得救。在如此众多的犹太国王当中，有多少曾经受到以色列人的盲目服从，难道他们没有因此而堕入偶像崇拜之中并终于遭到毁灭吗？尽管如此，你仍然嘱咐我要鼓起勇气，你还告诉我，如今一切都安全可靠了，因为官长在宗教事务上已不再要求人们遵守他自己颁布的法令而只要求服从教会的法令。请问：服从什么教会的法令？当然是服从官长本人最中意的教会的法令。似乎在官长以法律和刑罚强迫我加入这个或那个教会这件事情上并不包含有官长本人的决断。但是，由他亲自引领我与由他委托别人来引领我，这其间究竟又有什么区别呢？无论是在哪一种方式下，我都必须屈服于他的意志，由他来决定我的两种不同方式的最后归宿。如果一个以色列人，只是因为某人告诉他在宗教方面任何规定都不是由国王自己作的，而且除了教士们一致同意并由教会长老宣布为神圣权利的那些东西以外，在神圣礼拜方面他对臣民也没有任何要求。难道这个曾经遵照国王的命令去崇拜过偶像巴力神[①]的以色列人，他的处境能够比以前更好些吗？如果任何教会所信奉的宗教，只是因为该派的首领、主教、牧师及其所在部落的首领们都起劲地为之大唱赞歌，它就会成为

① 巴力神，古代迦南人为掌管土地、牲畜之神所起的名称。——译者

纯正的、救世的宗教，那么，在世上还有什么谬误的、虚妄的、破坏性的宗教呢？我对索斯奴斯教派[①]的教义抱有怀疑，我也怀疑天主教与路德宗的礼拜仪式；如果我只是因为官长在宗教方面，除了通过教会权威下达的东西而外不作其他规定，于是我才遵照官长的命令加入其中某一教会难道这将给我带来丝毫更多的安全吗？

但是，说句老实话，我们必须承认，教会（如果一个由牧师们组成、负责制定教规的会议必须这样称呼的话）在大多数场合下更易于受王室的左右而不是相反。在正统派和雅利安皇帝们交替统治下的教会究竟是个什么样了，早已为世人所熟知。如果说这些事情太久远，那么，我们英国近代史上可以提供更新鲜的例证。如在亨利八世、爱德华六世、玛丽女王和伊丽莎白女王当政时期，教士们如何投国王们和女王们之所好，轻易而驯服地改变他们的教会法规、信条、礼拜仪节以及其他一切；然而国王们和女王们在宗教观点上相殊甚远，颁布的法律也截然相反，以致没有哪个神智正常的人（我想说，除无神论者外，没有一个人）敢于说，任何诚恳而正直的上帝敬拜者，能够服从他们的各种教会而自觉问心无愧。结论是：国王在制定有关另一个人的宗教法规时，无论他是假充自己的决断，还是假托教会权威或他人的建议，都是一样的。教会人士的决定，也绝不会比国王的决定更加可取或更靠得住，他们彼此之间的分歧，早已是众所周知的事情。即令他们全都一致赞同，也不会为民事权力增添任何力量。当然，还必须注意这样的事实：国王

① 索斯奴斯教派为十六世纪意大利神学家索斯奴斯所创，在教义方面不承认三位一体说。——译者

对于那些非为他所宠爱的宗教与礼拜方式，纵然教会一致决议，也很少理会。

总而言之，决定这项争论的主要考虑之点是：虽然官长关于宗教的见解可能是可取的，他指点的道路也可能是福音之路，但是，只要我在内心里未能充分相信，我就不可能放心地跟着他走。无论我要走什么样的道路，只要它违反我的良心的指示，便不可能把我引进那幸福的圣所。我可以因从事我不感兴趣的手艺而致富；我可以因服用我不相信的药物而治好我的病。但是，我绝不能因为信奉我不相信的宗教与履行我所厌恶的礼仪而得救。对于一位不信者来说，袭用另一个人表示信仰的外部形式，是徒劳的。只有信仰和内心的虔诚才能博取上帝的悦纳。众所公认的良药，如果患者刚一服下就从胃里吐了出来，它对患者是不起作用的。强行将药物塞入患者的咽喉，如果他的特殊体质会使它化为毒药，那也是毫无用处的。简言之，不管在宗教里有些什么东西值得怀疑，至少有一点是确定无疑的，那就是：凡是我不相信其为纯正的宗教，对我说来，它都不可能是纯正和有益的宗教。因此，君王们以拯救臣民的灵魂为借口，强迫他们加入自己的教会，只能是枉费心机。如果他们真的相信，他们便会自愿加入；如果他们不相信，即便是加入了，又有何益？总之，不管友善、仁爱和对拯救人的灵魂的关心等一类借口是何等的高尚，但是人们是不能在不顾其愿意与否的情况下，因强迫得救的。归根结底，一切的事情都还得留归人们自己的良心去决定。

至此，我们终于使人们在宗教事务上摆脱了彼此间的一切约束，下面就让我们来探讨他们应当如何去做。所有的人都知道并且承认,应当共同礼拜上帝。那么,为什么他们反倒要互相强迫去参加公共集会呢?自由结合的人们之所以加入某一教会,其目的是因为他们集合在一起,不仅可以互相启发和开导,也是为了向世界表示他们崇敬上帝,并以问心无愧的、上帝能予领受的方式礼拜神圣的上帝;最后,也是为了通过纯正的教义、圣洁的生活和体面的礼拜形式,把其他人吸引到纯正宗教的博爱中来,完成那些相互独立的私人不能完成的其他宗教事宜。

我把这些宗教团体称为教会。我认为,官长应当对这些教会持宽容态度,因为人们在这些集会上所做的事情,完全是每一个人依法可以自行处理的事情,我指的是拯救他们的灵魂。而且,在这件事情上,国教与其他各独立教会之间都是一样的。

但是,鉴于每个教会都有两件事需要特别加以考虑,那就是:教会的外部形式和崇拜仪式以及教义和信条。因此,为便于更清楚地理解宽容的全部问题,必须把这两件事情分开来加以讨论。

关于外部礼仪,首先,我说官长无权以法律给他自己的教会,更不必说给其他教会规定用以礼拜上帝的任何礼仪形式。这不仅因为这些教会是自由的团体,也因为无论人们怎样礼拜上帝,都只有在他们自己确信那种方式能够为上帝所悦纳时,它才是正当的;反之,非出于这种信念去做的任何事情,其本身便注定是不可取的,也是上帝所不予接受的。因此,把这些违反人们自己判断的事情强加于人,事实上是强迫他们怒犯上帝。既然任何宗教的宗旨都无非是为了取悦于上帝,而宗教自由则是达到此种目的所必须的,所以,那种做法便显然是最荒唐不过的了。

但是,人们或许会由此得出结论:我否认官长对于无足轻重事情的一切权力，而如果连这种权力也不承认的话，那么，立法的全部实质便都被取消了。不，我当然承认无足轻重的事，也许只有这些事情，是从属于官长的立法权限的。但是，这决不是说，官长可以随心所欲地颁布关于任何无足轻重的事情的法律。公众利益是检验全部立法的准则和尺度。如果某件事情对于社会是无用的，不管它是怎样的无足轻重，却不能立即以法律予以确认。

但是进一步说：某些就其自身性质说再也不能更加无足轻重的东西，一旦它们被用到教会和敬拜上帝上时，那就超越了官长的职权范围，因为采用这些东西与公民事务无关。教会唯一的宗旨是救人灵魂，它采用这种或那种礼仪，与国家或它的任何成员都毫无关系。在这些宗教集会上采用或摒弃任何礼仪，对于任何人的生命、自由和财产既不会有利，也不会有害。例如，我们假定，用水为婴儿施洗这件事情是无足轻重的；又假定，官长认为儿童受洗有利于防治各种儿科病，因此，认为是件重大的事情，应当以法管理。在这种情况下，官长可以下令这样做。可是，谁能据此认为，为纯洁孩子们的灵魂，官长同样有权以法律来规定所有婴儿都必须在教堂里接受牧师的洗礼呢？这两种场合之间的巨大差别，人们一眼便可以看出。如果我们把上面这个例子里的婴儿换成犹太人的孩子，事情也就更加清楚了：因为，有什么东西能够妨碍基督教官长管辖犹太属民呢？如果我们承认，不应强迫一位犹太人去做一件在其宗教里属于无足轻重的事而使其受到损害，那么，我们又怎能认为可以对基督徒这样干呢？

重复地说，不能凭借任何世俗权威而将那些就其自身性质说来属于无足轻重的事定为礼拜上帝的一部分，其理由正是因为它们是无足轻重的。因为无足轻重的事，既然就其自身的性质说来不能用来赎罪，那么，任何人为的权力或权威也便不可能赋予它这样的性质。在日常生活事务方面，采用那些上帝未予禁止的、无足轻重的事，是自由和合法的。因此，在这些事情上，世俗权威是有其地位的。但是，在宗教事务方面却并非如此。就礼拜上帝而言，无足轻重的事，如果非属上帝所规定，如果非属上帝曾以某种明确的诫命恩准为从可怜的有罪者手中领受的礼拜之一部分，其余都不是合法的。要不然，当发怒的上帝问我们："是谁从你们手里要求诸如此类的这些东西的？"我们以官长的命令来回禀上帝就不够了。倘若民事管辖权可以扩及这么广，那还有什么东西不可以合法地引入宗教呢？还有什么杂乱不堪的仪式和迷信的编造不可以仰仗官长的权威（违反人们的意志）而强加于上帝的礼拜者呢？而这些仪式和迷信的绝大部分都是因为人们把那些性质上属于无足轻重的事物用于宗教目的造成的。这些之所以有罪也不是因为别的原因，而恰恰是因为它们不是出自上帝。洒水、饮酒和吃面包，这些不论就其自身性质而言，还是在日常生活当中，都是极普通的事情。可是，谁能说，这些东西如果不是因为它们是神圣制度所规定的，也可以引入宗教，并使其成为礼拜上帝的仪式的一部分呢？如果任何世俗当局和民事权力机构都可以这样做，那为什么不可以把在圣餐礼上吃鱼和喝啤酒也定为礼拜上帝的一部分呢？为什么不把在教堂里洒动物血或者以水和火赎罪等诸如此类的东西也规定为礼拜上帝的一部分呢？这些虽然在通常情况下属于无足轻重的事，但是，如果不是根据神圣的权威而将其作为神圣礼拜的一部分，就会像以狗为献祭那样为上帝所厌恶。而狗为什么那样令人厌恶呢？若不是上帝需要把这个而不是那个用于礼拜仪式，仅就神性而言，狗和羊这两个同样远离神性之物究竟有什么区别呢？由此我们看到：一切无足轻重之事，不论其怎样受到民事官长权限的管辖，却不能以此为借口而将它们引入宗教或强加于宗教集会，因为一旦用于礼拜上帝，他们便不再是无足轻重的小事了。一个人礼拜上帝，为的是博取上帝的喜悦，从而得到上帝的恩典。但是，他不能在另一个人的命令之下，把他自己分明知道并非出于上帝的诫命，因而一定会怒犯上帝之物奉献给上帝，用这种办法来达到他的目的。那样做不是博取上帝的喜悦，也不会使上帝息怒，而是故意、明目张胆地怒犯上帝、蔑视神明。这是与礼拜的性质和目的绝对不相容的事情。

这里人们可能要问：如果在礼拜神明方面不给世俗法律留有任何余地，那么教会本身何以有权规定礼拜的时间、地点等诸如此类的事呢？我的回答是：关于宗教礼仪问题，我们应当明确何者是属于礼仪的本身部分，何者只是它的辅助部分；所谓礼仪部分，一般认为系指那些为上帝所规定、并使上帝喜悦的那些东西，因之是必不可少的；而辅助部分，系指那些虽然总地说来不能与礼仪截然分开，但由于对具体的事物本身或其改变并无明确规定，因之是无足轻重的。例如，礼拜的时间、地点、习惯和姿势，即属于此类。这些就是辅助部分，在上帝没有明白的诫命的情况下，完全是无关紧要的。举例来说，对于犹太教徒，礼拜的时间、地点和习惯便不只是辅助部分，而是礼拜的实际组成部分。在这方面如有缺陷或不合规定的东西，便不能指望上帝的悦纳。然而，对于享有福音书给予自由的基督徒说来，这些就只是辅助部分，每个教会可根据自己的智虑明达,采用那些自认为最合乎尊严和礼教的有关规定。但是,即令是在这种福音书的自由之下,对于那些信守一周的第一天或最末一天为上帝专门规定作为对他进行礼拜的日子的人们说来,那部分时间便不只是辅助部分而是礼拜的实际部分,不得予以改变或有所疏忽。

其次,官长既然无权以法律强行颁布任何教会所应采用的任何礼仪,当然也便无权禁止任何已为教会所接受、确认和遵行的礼仪,因为如果官长那样做,他便会毁掉那个教会本身;而那个教会之所以成立,就只是为了以它自己的方式,自由地礼拜上帝。

你会说,按照这种准则,如果某些聚会者竟别出心裁地想以婴儿作为献祭,或者(如同早期基督徒被指责的那些不实之词)干那些淫荡、污秽的勾当或其他诸如此类的大罪,是否因为这些都发生于宗教聚会,官长就必须加以宽容呢?我说不!这些事情无论是在日常生活当中,还是在任何私人家里,都是不合法的,因此,在礼拜上帝或任何宗教聚会,也同样是不合法的。但是,假若出于宗教的原因而集合在一起的人们,想以小牛作为献祭,我以为这就不应以法禁止。牛是梅里波伊斯的,他就可以合法地在自己家里宰杀,而且他可以随意烧烤牛身上任何部位的肉,因为这并未伤害任何人,也未损害他人的财产。同样道理,他也可以在宗教集会上宰杀自己的小牛。至于这样做能否取悦于上帝,应当由献祭者自己去考虑。官长的职责仅限于照顾国家的利益不受损失以及人们的生命、财产不受侵犯。因此,凡是可以用于宴席上的东西都可用于献祭。然而,如果是在另一种情况下,比如当畜群为一场罕见的疫病所毁害,国家的利益要求在一段时期内禁止宰杀一切牲畜,以利于幼畜的繁殖，这时，谁还会认为官长不能禁止为任何用途而宰杀小牛呢？不过，应当注意的是，在这种情况下，法律所涉及的并不是宗教事务，而是政治事务。而所禁止的并不是祭献，而是宰杀小牛。

由此，我们看到了教会与国家之间的区别是什么。凡属在国家里合法的东西，官长便不能在教会中加以禁止。凡属许可臣民日常使用的东西他都不能、也不应禁止任何教派的人们将其用于宗教目的。如果说任何人可以在他自己家里合法地吃面包和饮酒——无论他是坐着，还是跪着，那么，法律也便不能剥夺他在举行宗教礼拜时享有的同样的自由——尽管教堂里用面包和酒，完全是为了另一个目的，即用于表示信仰与礼拜的神秘性。但是，如果某些东两在通常使用时，由于影响共同的利益而为法律所禁止，则在教会的神圣仪式中也不应被许可。只是官长应当时刻小心谨慎，不得以维护公众利益为借口，滥用职权，压制教会。

人们可能会说，如果某个教会搞偶像崇拜，官长是否也要对其宽容呢？这里我倒要反问一句：应当授予官长什么样的权力，才能既镇压崇拜偶像的教会，又不被随时随地利用来毁灭正统的教会呢？应当牢记：民事权利到处都是一样的，每个君王又都以他自己的宗教为正统。因此，如果容许官长在灵事务方面拥有这样的权力，例如，容许日内瓦的官长拥有这种权力，他就会以血腥的暴力消灭那里以偶像崇拜著称的宗教；依同一准则，某个邻国的另一位官长，就要镇压改革派宗教；而在印度，则要镇压那里的基督徒。世俗权力可以依君王们之好恶而改变宗教里的一切，或者是什么东西也不改变。一旦容许以法律和惩罚手段把任何东西引入宗教，那就不存在任何限制了；在这种方式之下，根据官长自己虚构的真理标准，改变一切也就同样是合法的了。因此，无论是谁，都不应当因为他的宗教信仰而被剥夺他今生的世俗享乐。即使那些臣服于基督教君王的美洲人，也不应当因为他们未皈依我们的宗教和礼拜而遭受肉体和财产上的惩罚。他们如能确信，奉行他们自己国家的宗教仪式是上帝所喜悦的，他们也确信自己将通过这种手段而获得幸福，那么，他们的事就可以留给上帝和他们自己来决定取舍了。我们不妨对这个问题追本溯源。事情原本是这样的：一批人数不多的基督徒，身边一无所有，来到一块崇奉异教的国土。这些外来者恳求当地人以人道主义为怀，供给他们生活必需品。他们得到了这些东西并被允许在那里居住下来。后来他们同当地人结合在一起，成为一个民族实体。基督教也随之在那里扎根、成长，但一时尚不能成为最强大的宗教。在这种情况下，他们同当地人尚能保持和平、友谊、信任和平等。后来，官长成了一个基督徒，这样一来，他所属的那一派便因此而成为最强大者。于是，所有契约立即被撕毁了，为了消灭偶像崇拜，一切公民权利也都遭到了践踏。那些无辜的异教徒——平等准则和自然法则的严格遵守者，那些从不以任何方式违犯社会法律的人们，除非他们放弃其古老的宗教，皈依一个新的、完全陌生的宗教，否则他们注定会失去其父辈们的土地和财产，甚至被剥夺生命。由此我们终于可以看到：对教会的狂热加上奴役他人的欲望，究竟可以带来什么样的后果；以及用宗教和关心他人的灵魂作为借口，多么易于成为贪婪、掠夺和野心的掩饰物！

那些主张以法律、惩罚、火与剑在任何地方根除偶像崇拜的人，可以把这个故事引为自己的借鉴。因为不论在美洲还是在欧洲，道理是一样的：王室教会中占统治地位的一派无权剥夺美洲的异教徒或这里的持不同意见的基督徒的财产。不论是在这里还是在那里，都不得以宗教为理由改变或侵犯任何公民的权利。

但是有人说，偶像崇拜是有罪的，故不应予以宽容。如果他们认为偶像崇拜必须去除的理由就在于此，这样提法还是对的。但是，并不能由此得出结论：既是一种罪恶，就应当由官长给以惩罚，因为官长无权用他手中的剑不加区别地去惩罚一切他认为是反上帝的罪。贪欲、不仁、懒惰，还有其他种种，都是众所公认的罪恶。但是，谁都从未说过非要由官长给予惩罚不可。其理由就在于，这些事情既不损害他人的权利，也不破坏社会的公共和平。不，即便是说谎和作伪证的罪，也够不上以法律惩罚。除非在某些特殊情况下，当所考虑的问题主要并不是这件事本身的邪恶及其对上帝的触犯，而只是它对邻人和对国家所造成的损失时，才使用法律。试想，如果在某一个国家里面，在一个穆斯林或信奉异教的君王看来，基督教似乎成了冒犯真神的伪教，那会发生什么情况呢？难道可以因为同样的理由并以同样的方式将那里的基督徒全部根除吗？

然而，仍可以进一步争辩说，按照摩西律法，偶像崇拜者是应当根除的。按照摩西律法，确实是这样。但它对我们基督徒没有约束力。谁都不会认为，凡是摩西律法泛泛规定的事，基督徒就得遵照执行。没有什么能比人们通常使用的道德法、司法行政法和礼仪法这些通用的法律名称更为儿戏的了。因为不论什么样的成文法都不能约束一切人，而只能约束它所涉及的那部分人。“喂！

以色列人听着!”这就足以限制摩西律法只能适用于那个民族。仅此一点,就足以回答那些坚持认为摩西律法的权威可以对偶像崇拜者施以极刑的人的问题。不过,我想对这个论点略为更加具体地考察一下。

关于犹太国家中偶像崇拜者的问题,应从两个方面加以考虑。第一种情况是,那些接受摩西礼仪并成为犹太国家公民的人,后来确实不再崇拜以色列的上帝了。这些人以背叛者的罪名受到审判,其罪行不亚于叛国罪。因为犹太人的国家与其他国家的区别就在于它是一个绝对神权政体:国家与教会之间没有、也不可能有任何区别。它所制定的关于崇拜一个无形上帝的法律,就是犹太民族的民法,同时也是政府的一个组成部分,其中上帝本人即是立法者。如果有谁能够向我证明,在我们这个时代,什么地方也存在着一个建立于那种基础上的国家,我就可以承认,在那里教会法规势必要成为民法的一部分,而且,按照民法权力,政府的属民们可以并应当与教会严格保持一致。但是,在以福音为指南的基督教国家里,绝对不存在这样的事情。确实,有许多城邦和王国曾经皈依了基督教,但它们全都保留了古老的政体,而基督的法律对之完全不加干涉。的确,基督曾经教诲人们如何通过虔诚和善行以求得永生。但是,基督并未建立国家。基督既未向他的信徒们规定任何新的、特殊形式的政府,也未把剑柄交予任何官长之手,责成他利用剑来强迫人们放弃其原来的宗教而接受他的宗教。

第二种情况,对外方人以及对以色列国家的陌生者,都并未以暴力强迫他们遵守摩西律法的礼仪;相反,就在规定崇拜偶像的以色列人将处以死刑的同一地方,也同时规定了陌生者不受“压迫与刁难”(《出埃及记》第20—21节)。我承认,占据着原来应许给以色列人那块土地的七个民族都被彻底铲除了。但是,这并不单纯是因为他们是偶像崇拜者。否则,又如何解释莫押比人和其他人能够生存下来呢?不,其原因就在于:上帝既然在一种特殊情况下担任了犹太人的国王,他当然不能容忍在其王国迦南地上礼拜其他的神明(这恰好是对他的背叛行为)。因为如此明目张胆的反叛行为与他的统治完全不能相容,而这种统治在他那个国家里完全是政治性的。因此,在他的王国的范围以内必须要根绝一切偶像崇拜,因为这是对另一个上帝亦即对另一个国王的一种承认,而这样做是违犯帝国法律的。此外,当地的居民也将被驱逐出境,以便将那块领地整个交与以色列人。就是根据这样的理由,埃米姆人和霍利姆人被以扫和罗得的子孙们赶出了自己的家园,他们的土地也由于同样的原因,由上帝赐予了入侵者(《申命记》第2章第12节)。尽管在迦南地根除了偶像崇拜,但是,并未把每一个偶像崇拜者加以处决。整个拉哈布家族,整个吉布尼特部落,都与约书亚订立契约而获准生存下来。而且,在犹太人的俘虏中间,也有许多人是偶像崇拜者。大卫和所罗门在福地范围之外征服了许多国家,远至幼发拉底河畔。在抓获的许许多多俘虏和投降归顺的许许多多被征服民族当中,我们没有发现一个人被以武力强迫皈依了犹太教,崇拜了真主,或者有任何一个偶像崇拜者受到惩罚,虽然他们全都犯有偶像崇拜罪。如果确实有改宗者想要加入犹太人的国家,他就有服从其法律的义务,也就是说必须皈依他们的宗教。但这完全出于自愿,而不靠强制。他并不是为了要表示顺从而违心地臣服,而是将其看作一种特权来恳求和争取的。一经获准加入之后，他就须服从这个国家的法律；该法规定，在迦南地范围以内，所有偶像崇拜都被禁止。但是，那项法律（如我已说过的）并没有真正适用于迦南地以外的地区，虽然它们也都臣服于犹太人。

以上是关于外部礼仪。下面让我们来考察一下信条。

宗教信条有些是实践性的，有些是思辨性的。诚然，这两种信条都具有真知，但前者仅止于悟性，后者则影响人的意志和行为。思辨性的见解和人们所称的信条只要求人们相信，而不得以国家法律强加于任何教会。因为如果以法律来规定人的能力所做不到的事情，显然是荒唐的。而且，要使人相信这个或那个是真实的，并不取决于我们的意志。有关这方面的道理已谈得够多了。但是有人会说，至少应当让人们表白一下自己的信仰。这是一种多么可爱的宗教，为了拯救人们的灵魂，它总是要人伪善，以谎言来欺骗上帝和世人。如果官长想用这种办法来济世救人，看来他是根本不了解救世之道；如果他那样做不是为了拯救他们，为什么又对信条那样关心备至，甚至要把它们定为法律呢？

进一步说，对于这些与臣民们的公民权利毫不相干的思辨性见解，官长不应禁止在任何教会里传布或表达。如果一个罗马天主教徒相信，别人称之为圣饼的东西确实是耶稣的躯体，他并未因此而损害他的邻人；如果一个犹太人不相信《新约》是上帝之言，他并未因此而给人们的公民权带来任何变化；如果一个异教徒怀疑《新、旧约全书》，他也不应当因此被视为有害的公民而受到惩罚。无论人们是否相信这些，官长的权力和人民的财产都照样是安全无损的。我当然也承认这些见解是虚伪的和荒唐的。但是，法律的责任并不在于保障见解的正确性，而在于保障国家和每个具体人的人身与财产的安全。事情本来就应当是这样。因为只要让真理独立自主地行动，它一定能够很好地生存下来。真理是极少得到，而且我恐怕它是永远也不会得到权势者们的大力帮助的，因为它与他们没有缘分，很难为他们所了解，更不用说受到他们的欢迎了。真理不是靠法律教诲的，也不需要强力将它带入人们的心灵里。而谬误倒的确是借助于外力的支持和救助传播开来的。但是，如果真理不以自己的光芒来开辟通往悟性的道路，它就只能是个弱者，因为任何外来的强暴都可以强加于它。关于思辨性的意见就谈到这里。下面让我们来探讨实践性的意见。

一种美好的生活即使其中丝毫不包含宗教与真正虔诚的成分，也是与公民政府息息相关的，而且人们的灵魂拯救和国家的安全两者都寓于其中。因此，道德行为同时属于外在法庭和内在法庭双重的管辖，即同时属于公民的和私人的统治，我指的是，同时属于官长和良心二者。这样也就潜伏着极大的危险性，因为前一种管辖权可能侵犯后一种，从而在公众和平的维护者和灵魂拯救关怀者之间便会发生冲突。但是，倘若我们在前面所谈到的关于这两种管辖权的限制能够正确地被予以考虑的话，所有这类困难也就迎刃而解了。

每个人都有着不朽的灵魂，它能够享受永恒的幸福或无尽的苦难；这幸福有赖于他在今生对于那些为获取上帝恩典所必须的事情，也就是上帝为了这个目的。而规定的那些事情，是否相信并按照去做。由此可以引出如下结论：首先，遵守这些规定是人类最崇高的义务，因此，我们应当极其关心、极其勤奋和孜孜不倦地去追求、探索和实现这些事情,因为在今生没有任何东西能够比永生更值得关心。其次,既然一个人不可能因为他自己的错误见解和不恰当的礼拜方式而侵犯另一个人的权利,也不可能因为他自己的毁灭而给他人的事务造成危害,因此每个人对于得救的关心只是他自己的事情。但是,请不要误解我的意思,似乎我这样说法意味着对一切为了使人们免于谬误而从事的善良劝告和热情努力的谴责;这些言行确实是一位基督徒最高尚的义务。为了有助于另一个人的得救,任何人愿意使用多少劝诫和论证都是可以的。但是,一切强力和强制应予禁止。做什么事都不得强迫命令——除了自己被说服而确信以外,谁都没有义务按照那种方式服从另一个人的劝诫和指令。在这一点上,每个人都享有的至高无上和绝对的自我判断的权威。其理由就在于,任何他人都与此无干,也不可能因为他的行为而蒙受损害。

但是,人们除了不朽的灵魂而外,还有今生的尘世生命,这种生命的状态是脆弱的、短暂的、寿命短长不定,因此,人们须有某些外在的方便以维持生命,而这些又是通过人们的辛勤和努力才能获取或保持的;因为这些借以维持我们的安适生活所必需的东西,不是天然自生的产物,更不是为我们准备就绪、一拿来即合用的东西。因此,这部分事宜带来了另一种需要,并必然地要添加另外的负担。但是,由于人类竟然堕落到这种地步:他们宁愿损人利己地掠夺他人的劳动果实,也不肯以自己的辛勤劳动供养自己;人们需要保护他们通过诚实劳动取得的所有权,需要保护他们赖以取得其进一步需求物品之自由与力量,这就要求他们不得不互相结成社会,以便通过互相支持和协同力量,在那些有助于今生安适和幸福的事情上，能够互相保障各自的财产安全；与此同时，把实现永生的事，留归每个人自己去照应；因为要达到永生，不能靠他人的勤奋，失去了它也不会危害他人的利益，况且对永生的渴望，依靠外部的暴力也是不能夺去的。但是，正如人们以保卫世俗财产而达成的互相支持的契约为基础而参加进社会的情形一样，他们的这种财产所有权也可能或者因为其他公民的掠夺和欺诈，或者因为敌对的外来者的侵犯而遭到剥夺。医治前一种邪恶的药方是法律；医治后一种邪恶的药方则是武力、财富和公民大众。而关系到两者的全部事宜都由社会责成官长予以照管。这就是每一个国家中至高无上的立法权之来源、运用及其范畴。我的意思是说，可以制定一些法律条款来确保每个人的私有财产，确保全体人民的和平、财富和公众物资并尽可能地用以增强他们抵御外来的侵犯的内部力量。

这些事情作了上述的解释之后，立法权应当以什么为宗旨和以什么方法来加以节制，就易于理解了。这个宗旨就是社会的世俗利益和外部繁荣，而这也就是人们加入社会的唯一理由及其追求的唯一目标。这样，在永生得救方面人们还有多少自由就很清楚了，也就是说，每个人应当做那些他的良心确信上帝能予接受的事情，因为他的永生幸福有赖于上帝的悦纳；所谓服从，首先是服从上帝，其次才是服从法律。

但是有人会问，"如果官长以其权威规定出一个人按其良心认为是非法的任何事情时，那该怎么办呢?"我的回答是：政府的管理如果是忠实不渝的，官长们的参议如果又确实是为了公共福利，这种情况是极少发生的。但是，若果真发生了这类事，我认为那个私人应当拒绝做他认定是不合法的事;他也应当接受对他说来不为非法的惩罚,因为任何个人对于为了公共利益而颁布的有关政治问题的某项法律所做的判断,并不能取消该项法律的约束力,也够不上免除。但是,如果法律所涉及的事情确实不属于官长职权范围以内(例如,强迫人民或其中的任何派别皈依某个陌生的宗教并参加另一教会的礼拜和仪式),在这种情况下,便不能以法律来强迫人们违反自己的良心;因为政治社会的建立并不是为了别的目的,而仅仅是为了保障每个人今生财产的所有权。对每个人的灵魂和天国里的事情的管理既不属于国家,也不能屈从于它,而只能完全由每个人自己去管。因此,国家的职责在于保卫每个人的生命和属于今生财产的安全;而官长的职责则是维护这些财产归于其合法的主人;所以,官长不得以与公民政府的目的无关的理由将世俗事物从这个人或这个派别手里夺走,而交予另者,也不得在其管辖的臣民之间进行交换(按法律进行交换也不行)。这里我指的是以宗教为理由。因为不论人们信奉的是纯正的宗教还是伪教,都不妨害其臣民的世俗利益——而这些利益是唯一属于由国家掌管的事情。

但是,如果官长认为这样的法律是合乎公共利益呢?我的回答是:既然任何个人的私人判断,如果是错误的,并不能解除法律对他的拘束力,因此,官长的个人裁决(我这样称呼它),也不能赋予他对其属民颁布任何新法律的权利,这种权利,在政府的宪法中既没有规定,人民也没有权力授予他,至于他把利用取自他人的赃物养肥他的追随者和宗派伙伴作为自己的本职,就更不用说了。但是,如果官长认为他有权制定这样的法律并认为这是为了公共的利益，而他的属民们的看法正好与他相反，又该怎么办呢？由谁来裁决呢？我说只有上帝。因为在至高无上的官长和人民之间在世上是不存在仲裁者的。我认为，在这种情况下，上帝就是唯一的法官，在末日审判时他会根据每个人的功过，即根据他曾否在促进虔诚以及人类的公共福利与和平方面作过真诚、正直的努力而给以报应。那么，在这个时候人们又该怎么做呢？我的回答是：每个人主要应当关心的，首先是自己的灵魂，其次是公共和平——虽然几乎不会有什么人把他们所见到的一片荒凉看成是和平。

在人们中间存在着两种竞争：一种靠法律来支配；一种则靠暴力。二者的性质是：当一种结束时，另一种便取而代之。但是，我的任务不在于探讨各国宪法中关于官长权力的不同规定。我只知道，当争端发生而又没有一位法官加以裁决时通常会发生什么情况。于是你会说，官长既是强者，他的意志自然要占上风，并按他的观点去实行。这是无疑问的。但是，这里的问题与事件的可疑性无关，而在于权利的准则。

还是让我们具体地讨论吧。首先我认为，任何与人类社会准则相违背或与维持文明社会所必需的道德准则相违背的意见，行政长官都不应当容许。但是，这种事例在任何教会里确实很少见。因为没有哪个宗派会疯狂到一种程度，竟会将那些分明要瓦解社会基础的东西当作宗教教义去传授，从而要在全人类的公论面前受到谴责，还认为这样做是适当的，因为如果这样做，他们自己的利益、和平、荣誉，他们的一切都将因此而受到威胁。

另一种更加诡秘、对国家的危害也更大的邪恶就是：人们在为他们自己和他们的宗派谋求某种特权时，是以某种特别富于欺骗的言辞为掩饰，而在实际上却践踏社会的公民权利。例如，我们找不到那个宗派明目张胆地向人们传授，可以不必遵守自己的诺言；或者说那些在宗教上与君王持不同见解的人可以废黜君王，或者说唯独他们自己才有权支配一切。因为像这样赤裸裸地宣扬这些东西，立即就会引起官长的注意，唤起全国的注意来共同警惕这种危险的邪恶的蔓延。然而，我们却发现某些人用另一种腔调来说这类话。例如，有人宣称"对异端派不应遵守信用"这话还能有别的含意吗？他们的真正意思就是唯独他们才有权不讲信义。因为他们把不属于他们教会的人一律宣布为异端，或者至少在他们认为有必要这样做时可以这样宣布。他们宣称，国王一旦被革除教籍，也将自动失掉王权和王国。这话还能有别的解释吗？显然，他们用这种办法把废黜国王之权妄加于他们自己身上，因为他们是把革除教籍的权力作为其教阶组织的特权对王权提出挑战的。他们的另一断语是：支配权是上帝的恩典。他们这样主张明明白白是在要求对一切事物的所有权。因为他们尚不至愚蠢到那种地步，竟然不敢相信或至少是不表白自己是真正虔敬和忠于信仰的人。因此，那些自认为忠实的、虔敬的、正统的人，老实说，也就是认为他们自己在公民事务方面享有优越于他人的权利或特权的人，或者那些以宗教为借口，对那些与他们的教会毫无关系的人们提出享有任何形式的权威的人，我认为，这些人也同那些不愿承认和教诲在纯属宗教事务方面对所有人实行宽容的责任的人一样没有权利得到官长的宽容。因为这一切及其类似的教义除了说明，他们可以并且随时准备夺取政府，并把他们的臣民同胞的财富据为己有外还有什么呢？以及除了说明，他们只是在自己尚未强大得足以实现这种目的之前才请求官长给予宽容之外,还有什么呢?

其次,如下的教会无权得到官长的宽容,即:它赖以建立的基础是,凡入会者事实上就把他们自己托付于另一个君王的保护和役使之下。因为这就意味着官长在自己的国家内承认一个外国管辖权的存在,并且看起来是容许招募他自己的属民参加外国的军队,来反对他自己的政府。这种在国家与教会之间所作的轻率而荒谬的区分,不可能对这个问题提供任何解决的办法。尤其在二者都同样从属于同一个人的绝对权威之下时更是如此。这个人无论在纯宗教事务还是在与此有关的其他事务方面,不仅有权说服他的教会的成员按照他的所好行事,而且能够以永遭炼狱的痛苦相威胁来发号施令。下述说法显然是荒诞无稽的,即:某人宣称,他仅在宗教方面是穆斯林,而在所有其他方面则是基督教官长治下忠实的臣民,与此同时,他又承认自己要盲目服从君士坦丁堡的穆夫提[①],而后者又完全服从于奥斯曼帝国苏丹,并随心所欲地编造伊斯兰伪神谕。这个生活在基督徒中间的穆斯林,如果承认国家的最高官长同时也是他的教会首领,他就是更加明确地背弃了他们的政府。

最后,那些否认上帝存在的人,是根本谈不上被宽容的。诺言、契约和誓言这些人类社会的约制对无神论者是不可能具有约束力的。虽然他们只是在头脑里摈除了上帝,但却使一切化为乌有。此外,那些以无神论来破坏和毁灭一切宗教的人,也便不可能以宗教为借口,来向宽容的特权进行挑战。至于其他实践性的见

① 中世纪伊斯兰国家的教法说明官,专司解释法律。——译者

解，虽然没有绝对地摆脱一切谬误，但只要他们不试图建立对他人的辖治，不对曾经教育过他们的教会要求民法豁免权，也就没有任何理由不对他们实行宽容。

关于那些受人指名辱骂的集会，我仍想谈点看法。这些集会有时也许是秘密的并成为宗派活动和骚乱的温床，于是他们给反对这项宽容论者提供了最强有力的根据。但是，其所以发生这类事，并不是由于这类集会有什么特别之处，而是由于受压抑或不自由这种不幸的处境。一旦宽容法完全确立了下来，这些指控立即就会停止，那时所有教会均有责任将宽容作为自己自由的基础，并有责任教诲人们，良心自由是每个人的自然权利，它同样属于持不同意见者和人们自己；在宗教问题上，任何人不应受到法律或暴力的强迫。只要确立了这一件事，就可以消除因为良心问题而引起的不满与骚乱的全部根源。这些不满和仇恨的原因一经消除，在这些集会里也就不会再有什么较之其他集会更不那么平静和容易引起骚乱的东西了。但是，还是让我们来具体地研究那些指控的首要之点吧。

你会说，集会有害于公共和平，对国家造成威胁。我的回答是：若情况果真如此，那么，为什么在集市和法庭上每天都有那么多的集会呢？为什么容许交易所和城里有成群结队的人流呢？你会回答，那些都是公民集会，而我们所反对的是教会集会。我说，很有可能一些与民事不相干的集会往往会很容易地受到牵连。不是吗？公民集会的成员是在宗教问题上彼此看法不同的人，而这些宗教会议的参加者则全都属于同一意见的人。似乎宗教问题上的一致实际上就等于是一种反对国家的阴谋，或者说少享受一些集会的自由，人们在宗教问题上就不会那么强烈的一致了。但是，人们仍可以强调说，公民集会是公开的，任何人都可以自由参加，而宗教秘密集会则更带私人性质，因此为密谋提供了机会。我说，这点并不那么确实。许多公民聚会并非对每一个人都开放。至于说有些宗教集会是私下的，请问：谁该受指责呢？是那些想要公开举行的，还是那些禁止公开举行的？还有，你会说，宗教集会把人们的心灵和感情充分地联结在一起，因此更加危险。若果真是这样，那么，官长为什么不惧怕自己的教会？为什么不把他们的教会作为有害于政府的危险品而加以禁止呢？你会说，官长本人是他们那个教会的一部分，甚至是它的首领。听起来就好像他不是国家的一部分和全体人民的首脑一样！

所以，还是让我们直言不讳地谈谈吧。官长之所以惧怕其他教会而不是他自己的教会，那是因为他对一个教会仁慈、宠爱，而对另一个则严厉、冷酷。对自己的教会，像对自己的孩子，甚至娇惯得放任成性；而对其他教会，则像虐待奴隶一样，不论他们如何卑躬屈节到无可指摘的地步，所得到的却不外是苦刑、坐牢、没收财产和杀头。对一些教会，他给予抚育和保护，而对另一些教会，他却无休止地鞭笞和压迫。请官长将二者的位置调换一下吧，或者只要允许那些持不同意见者同其他臣民一样享受同等的公民权利，那么，官长很快就会发现，那些宗教集会不再是危险的了。因为如果说人们参与了叛乱阴谋，那并不是因为他们在集会时受到了宗教的鼓动，而是因为他们蒙受了苦难和压迫，逼得他们自动起来要求解脱。公正、温和的政府，不论在什么地方都是稳定的，安全的。但是，压迫就要引起不满，迫使人们为挣脱不舒服的、专制的枷锁而斗争。我知道，骚乱往往在宗教的名义下发生，但是，臣民们常常因为宗教而受到虐待，生活悲惨，这也是事实。请相信我的话：之所以发生骚乱，并不是由于这个或那个教会秉性奇特，而是由于全人类共同的倾向——在重压下呻吟的人，自然要努力挣脱脖子上套着的索链。如果我们撇开这类宗教问题，而在人与人之间根据他们不同的肤色和相貌特征作出区分，使那些长有黑发或灰眼珠的人不能同其他公民享有同样的权利；不准他们进行买卖或靠自己的职业谋生；不准父母们照管和教育他们自己的子女；规定他们不是被排斥在法律保护之外，就是要受到不公平的判决，如此等等。毫无疑义，这些因其头发和眼珠的颜色不同而区别于他人的人们一定会因为共同的迫害而联合在一起。这对官长说来，不是同那些仅仅因为宗教而联系在一起的人们一样的危险吗？一些人为了商业和利润而加入公司；另一些因为买卖萧条而把俱乐部改作冷饮店。邻舍关系把一些人结合在一起，而宗教则把另一些人结合在一起。但是，促使人民聚众骚乱的却只有一件事，那就是压迫。

你会说，什么！你想要利用神圣礼拜使人们集合起来反对官长的意志么？请问：怎么是反对他的意志呢？难道人们集合不是既合法而又必要的吗？你不是说反对他的意志吗？这正是我所不满的，也是一切麻烦的真正根源。为什么教堂里的集会不可以像剧院或集市上的集会同样得到许可呢？那里的集会者并不比别处的集会者更凶恶或更加动乱。原因就在于他们受到了虐待，因此对他们不能容忍。只要在有关共同权利的事务方面取消对他们的不公正待遇，只要改革法律，废除加在他们身上的刑罚，一切立即就会变得安全和平静的。不，那些厌恶官长的宗教的人们会认识到，他们自己更需要维护国家的和平，因为在这个地方他们的境遇比在别处更要好些；所有那些独立教会的会众将像许许多多公共和平的警卫员那样，将会互相监视以防止政府的形式发生变革或改变，因为他们不能指望得到任何比他们已经享受到的更好的东西了，这东西就是在一个公正、温和的政府下与其他臣民享有同等的待遇。如果一个公民政府只把在宗教方面与君王一致的教会奉为其主要支柱，而且其原因（如我们业已说明的）仅仅是因为君王对其仁慈、法律对其有利；那么，如下的政府该是多么更加安全？在那里，所有善良的臣民，不论属于哪个教会，不分宗教信仰，大家同样享受着君王的恩宠和法律的利益，大家都将成为政府的共同支柱和保卫者；在那里，除损害邻人、破坏公共和平者外，谁都不再畏惧法律的严厉。

至此，我们可以得出如下的结论：我们的全部论点总括起来就是，每个人应当享有同其他人同样的权利。你容许以罗马的方式礼拜吗？也请容许以日内瓦的方式礼拜。你容许在集市上讲拉丁语吗？也请容许那些想讲拉丁语的人在教堂里讲拉丁语。你以为任何人在自己家里跪着，立着，坐着或取其他姿势，或者穿白，穿黑，穿长，穿短这些都是合法的吗？那也就不要把在教堂里喝酒、吃面包和以水施洗定为非法。一句话，凡属法律准许人们在日常生活中自由做的事，也请允许每个教会在神圣礼拜时享有这种自由。请保证任何人不至因为这些原因而蒙受生命、人身、房屋和财产上的任何形式的损害。你许可长老会的教规吗？那主教派教会为什么不可以有他们自己的喜爱呢？教会权威，无论是由一个人行使，还是由许多人共同行使，在各地都是一样的；它在民事方面没有管辖权，也没有任何形式的强制权，它与财富和税收都完全无关。

国教会的聚会和讲道，由于日常经验和公众的默认，已经合法化了。但这只是对某一种信仰的人们的许可。为什么不容许所有的人都这样呢？如果在宗教聚会上发生任何扰乱和违反公众和平的事，它将受到像在集市上所发生的同类事件一样的惩罚，毫无二致。这些聚会不应成为宗派分子与罪恶分子的庇护所，与此同时，人们在教堂里集会应当与会堂里集会同样合法，也不应当认为一部分臣民的集会比另一部分人的集会应受到更多的指责。每个人将对他自己的行为负责；任何人都不会因为他人的过失而受到怀疑和仇视。那些叛乱分子、杀人犯、盗窃犯、抢劫犯、通奸犯、造谣分子等等，无论属于哪个教会——是国教会，还是其他教会，都应当受到惩处和镇压；但是，那些传布和平教义，行为端正无可指责的人们，则应与其他臣民们享受平等的待遇。因此，如果容许任何一种信教者举行神圣聚会、节日庆典和公众礼拜的话，那么，这种同样的自由，也应当给予长老会、独立教会、再浸礼会、亚美尼亚教会和教友会。不，如果我们可以公开地说真话，那么就一个人与另一个人的关系而言，则无论是异教徒、伊斯兰教徒，还是犹太教徒，都不应当因为他的宗教信仰不同而被剥夺其社会公民权。福音书未训令我们做这样的事；“与审判教外的人无干”（《哥林多前书》第5章第12—13节）的教会不需要这种东西。一视同仁地接纳所有诚实、和平与勤劳的人们的国家也不需要这种东西。难道我们能够允许异教徒同我们贸易，却不允许他们祈祷和礼拜上帝吗？如果我们允许犹太人在我们当中拥有私人住宅和寓所，为什么不允许他们有自己的礼拜堂呢？是因为他们的教义更虚妄、他们的礼拜更令人厌恶，还是因为他们的公开集会比他们私宅里的集会更有害于公共和平？但是，只要能够准许犹太教徒和异教徒做这些事情，那么，在一个基督教国家里面，任何基督徒的处境肯定不应当比他们更差。

你也许会说，是呀，事情应当是这样。可问题在于他们更容易举行宗派骚乱和内战。我请问：这是基督教的过错吗？若是那样，那么基督教就是所有宗教中最坏的，谁都不应当信奉，任何国家都不应予以宽容。因为假若基督教的本质就是扰乱，就是破坏公共和平，那么，官长所宠爱的教会也不会总是清白的。但是，我们对一个最强烈地反对贪欲、野心、内讧、争斗以及各式各样的放肆要求，并且是从来没有过的最谦卑、最和平的宗教却远远不能说这类的话。因此，我们应当寻求被指控为宗教的那些罪恶的另外原因。如果我们能够正确地考虑的话，我们就会发现，这原因就包含在我所探讨的这项题目当中。基督教世界之所以发生以宗教为借口的一切纷乱和战争，并非因为存在着各式各样的不同意见（这是不可避免的），而是因为拒绝对那些持有不同意见的人实行宽容（而这是能够做到的）。为贪婪和统治他人的欲望所驱使的教会首领们，利用官长们的狂妄野心和幼稚的民众的迷信心理，违反福音书的原理和仁爱的训示，向他们传播宗派分立论者和异端派将被剥夺其财产并予以毁灭的邪说，以此来诱惑和煽动他们去反对那些与他们持有不同意见的人。这样，他们便混淆了教会和国家这两种本身截然不同的事物。然而，人们又很难甘心忍受自己用诚实劳动得来的财产遭到剥夺，并且很难在背离一切平衡法（包括人间的和神界的二者）的情况下，甘愿沦为他人强暴和掠夺的对象而任其宰割（尤其是当他们的行为在各方面都无可指摘时）；加之他们遭受如此待遇的场合又根本不属于行政官长的法律权限之内，而完全应属于每个人自己的良心，对于这方面的行为他只对上帝负责；在这种情况下，那些对于在邪恶统治下劳动愈来愈感到厌倦的人们，除了终于会认识到以暴力来反抗暴力是合法的，并且尽其所能地用武力来保卫他们不得以宗教名义而予以剥夺的自然权利之外，还能指望他们做别的什么呢？这种自古以来一直如此的事物进程在历史上是屡见不鲜，而且显而易见在将来也必将继续如此。只要进行宗教迫害的原则仍然保持不变，像迄今在官长和臣民中间所流行的那样；只要那些应当成为和平与和睦之福音的布道者们继续大吹特吹战争的号角，鼓动人们诉诸武力，事情就只能是如此。但是，官长们既然如此容忍那些公共和平的扰乱者和煽动者，人们也就有理由怀疑，他们是不是受旁人引诱去参与了赃物的分配，而那些人则认为利用他们的贪欲和狂妄作为扩大自己权力的手段是再好不过的事情。谁看不到，那些正人君子们与其说是传播福音的教师，不如说是政府的官员。他们企图通过逢迎君主们和当权者们的野心与统治欲望，来极力加强国家内部的专制统治，否则，他们是不能在教会里建立起这种专制统治的。这就是我们所看到的国家与教会之间的不幸的一致。如果每一方都把自己限制在各自的范围之内，一个管理国家的世俗福利，一个掌管灵魂的拯救，双方之间是不可能发生任何冲突与不和的。我恳求万能的主应允我们，使和平福音最终得到传播！愿民事官长愈来愈小心谨慎地使自己的良心遵从上帝的法律而不是以世俗法律来约束人们的良心，这样，他们就会像国家之父那样，把他们的全部主张和努力用之于全面增进其所有子孙后代的公民福利，只有那些狂妄的、放肆的、危害自己同胞的人不在此列。愿所有那些自诩为使徒继任者的教士们和平而谦谨地踏着使徒们的脚步行走，不要干预国家事务，以便全心全意地致力于促进灵魂拯救的事业。再见！

我们再就异端和宗派分立问题作些补充，也许不是无益的。对于一位基督徒说来，一个土耳其人不是也不可能成为异端派或宗派分立论者，一个基督教信徒如果转变为伊斯兰教徒，他也并不因此就成了异端派和宗教分立派，而只是一个叛徒和异教徒。这是没有异议的。可见，信奉不同宗教的人彼此之间不可能成为异端派或宗派分立派。

所以，我们应当研究什么样的人叫作信奉同一宗教的人。对于这个问题，很清楚，那些具有同一信仰和礼拜法则的人是属于同一宗教的；而那些具有不同的信仰与礼拜法则的人则是属于不同的宗教。既然那个宗教的一切都包含在它的法则当中，因此那些赞同同一法则的人必然是属于同一宗教，反过来也是一样。所以，土耳其人和基督徒属于不同的宗教，因为一个以《古兰经》为信仰法则，另一个则以《圣经》为其信仰法则。同样道理，即使在基督徒之间，也可以有不同的宗教信仰。天主教徒与路德派教徒虽然都信仰基督，都称为基督徒，但他们二者不属于同一宗教，因为一个只承认《圣经》为其信仰的基础和准则，而另一个还承认传统与教皇敕令，将其合起来作为他们的信仰法则。比如，所谓圣约翰的基督徒和日内瓦的基督徒是属于不同的宗教，因为一个只以《圣经》

为其信仰法则，而另一个则不知道用些什么传统作为他们的信仰法则。

这点明确之后，以下两点也就不言而喻了。首先，所谓异端，指的是教会里属于同一宗教的人们之间由于某些与宗教法则无关的不同意见而产生的分离。其次，在那些只承认《圣经》为其信仰法则的人们中间，所谓异端，则指的是因为与《圣经》明文规定无关的一些意见分歧而在自己的基督教会里产生的分离。

这种分离可以采取两种方式：

1.教会中的大部分人（或由于官长的支持而成为较强大的那一部分人）由于其他人对某些《圣经》里没有明文说明的意见不肯表明信仰，而将他们排挤出教会之外。一个人是否犯有异端罪，既不能取决于被分离出去的人数的多少，也不能取决于官长的权威，因此，只有那些将教会分裂为若干部分，打着各种名目和招牌，并以此为理由自觉地制造分离的人才是异端。

2.任何个人因为教会不愿公开承认《圣经》里未明确教诲的某些见解而自行脱离教会。

以上两种人均属异端，因为他们的谬误表现在信仰的基本方面，他们还固执己见，违反常识。他们在把《圣经》确定为信仰的唯一基础的同时，又把《圣经》里所没有的某些主张作为基本要理规定下来；而在其他人不承认他们附加的意见，更不愿将这些当作必要的和基本的东西看待时，于是他们便在教会内部制造分裂：他们或者脱离其他人，或者将其他人开除出教会。在他们声称他们的忏悔式和标志与《圣经》和信仰的类例相符合时，如果这些东西在《圣经》里确有明文规定，那么，由于所有的基督徒都承认它们是神的启示,因而是根本性的东西,这些东西便不存在任何问题,于是他们提出这个问题便毫无必要。

但是,如果他们说,他们所要求明证的那些信条是从《圣经》推导而来的,那么,对于那些把这些东西认为是符合信仰准则的人们说来,他们自己当然完全可以相信和承认这些东西。但是,若把这些东西强加给并不把那些东西看作是《圣经》所规定的真正教义的其他人,那就是非常有害的。谁若是为了这些不是、也不可能是基本性东西为原因而制造分离,那他就要成为异端分子。因为我不相信有谁会疯狂到那种程度,竟然敢于把自己关于《圣经》所作的解释和推论当作神的启示,并把自己异想天开虚构出来的信条与圣经的权威相比拟。我知道有些推论显然是符合《圣经》的,以致无人否认,它们是从《圣经》里推导而来的。但是,有关这些是不可能有分歧的。我只想说明一点:不管我们怎样认为这个或那个教义是清清楚楚从《圣经》里推导而来的,我们都不能因为我们自己相信它是符合信仰法则的,而把它作为必不可少的信条强加于他人,除非我们也乐于接受别人以同样方式将其他教义强加给我们;而且我们还乐于被迫去接受和相信路德宗、加尔文宗、抗辩派、再浸礼派以及其他宗派中那些专门设计各种标志、各种体系、各种忏悔式的能工巧匠们习惯于将其作为从《圣经》里推导出来的纯真而必不可少的东西分发给追随他们的信徒的各种见解。对于那些自认为他们自己关于拯救灵魂的基本要道所作的解释要比圣灵——上帝的无限永恒的智慧还要高明的人的狂妄至极,我不能不感到惊奇。

以上是关于异端。这个词通常只适用于宗教的教义部分。下面让我们来讨论宗派分立罪，它是一种近于异端的罪。因为这两个词在我看来似乎都表示“教会里在一些无关紧要的事情上所制造的毫无正当理由的分离”。但是，由于习用是语言学上至高无上的法则，那么，根据使用的情况，既然异端与信仰方面的谬误相联系，而宗派分立则与礼拜或宗规相联系。所以，我们必须按照这种区别加以考察。

按照我们以上提出的同样理由，宗派分立不过是教会里由于属于礼拜或宗规方面某些并非必要的问题所造成的分裂。但是对一个基督教会说来，在礼拜和宗规方面，除了是我们的立法者基督或者是使徒们根据神的启示而作的明确诫命外，再没有任何其他的东西是必要的。

一句话：一个只要不否定《圣经》所明确教诲的东西、又不以《圣经》里没有明确阐述的任何事情为理由而制造分裂的人，不管他可能如何遭到任何基督教宗派的辱骂，甚至被某些或全体宗派宣布为完全不具备真正基督徒的特性。事实上，可以千真万确地说，这个人既不可能是一个异端分子，也不可能是一个宗派分立论者。

这些问题本可以解释得更加详尽和突出一些，但是，对于您们这种才能的人，像这样略加提示也就足够了。

图书在版编目(CIP)数据

论宗教宽容/(英)洛克著;吴云贵译. —北京:商务印书馆,2017
(汉译世界学术名著丛书:120年纪念版:珍藏本)
ISBN 978-7-100-14541-1

Ⅰ. ①论… Ⅱ. ①洛… ②吴… Ⅲ. ①宗教—理论 Ⅳ. ①B920

中国版本图书馆CIP数据核字(2017)第153595号

汉译世界学术名著丛书
(120年纪念版·珍藏本)
论 宗 教 宽 容
——致友人的一封信
〔英〕洛克 著
吴云贵 译

商 务 印 书 馆 出 版
(北京王府井大街36号 邮政编码100710)
商 务 印 书 馆 发 行
北京市十月印刷有限公司印刷
ISBN 978-7-100-14541-1

2017年12月第1版 开本 710×1000 1/16
2017年12月北京第1次印刷 印张 3½
定价:20.00元